Inhalt

Adventsbräuche

Stille Zeit

Advent in aller Welt

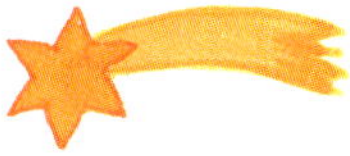

Adventsfeste

Vorwort

Mit der Adventszeit beginnt eine zauberhafte Zeit voller Überraschungen. Überall werden Vorbereitungen für das Weihnachtsfest getroffen. In den Straßen herrscht zuweilen hektische Betriebsamkeit, aber drinnen im Warmen bereitet der Advent auch gemütliche, besinnliche Stunden. Adventskränze aus duftenden, grünen Tannenzweigen werden aufgestellt, mit bunten Bändern und Kerzen geschmückt. Im warmen, einladenden Schein der brennenden Kerzen fühlen wir uns geborgen und mit der Dunkelheit des Winters versöhnt.

Der Advent ist die Zeit der Erwartung, die mit dem Weihnachtsfest ihren Höhepunkt erreicht. Es ist auch die Zeit der Bräuche, in der alte Traditionen jedes Jahr aufs Neue aufleben. Die Barbarazweige, die am 4. Dezember aus dem Garten ins Haus geholt werden und zu Weihnachten blühen, erzählen von der ewigen Sehnsucht der Menschen nach Grünem und Blühendem und von der Hoffnung und Zuversicht auf das baldige Wiedererwachen der Natur. Äpfel, Nüsse, Mandarinen, Lebkuchen und andere Leckereien bringt der Nikolaus am 6. Dezember. Sie versüßen die kalten, düsteren Wintertage. Ein Duft von Gewürzen, Tannengrün, Honigkerzen, frisch gebackenen Plätzchen und Bratäpfeln weht durch die Lüfte. Adventliche Düfte hellen die Stimmung auf und entspannen die Sinne. Sie prägen sich als lebenslange Erinnerungen in das Gedächtnis ein, vermitteln Vertrauen und Geborgenheit.

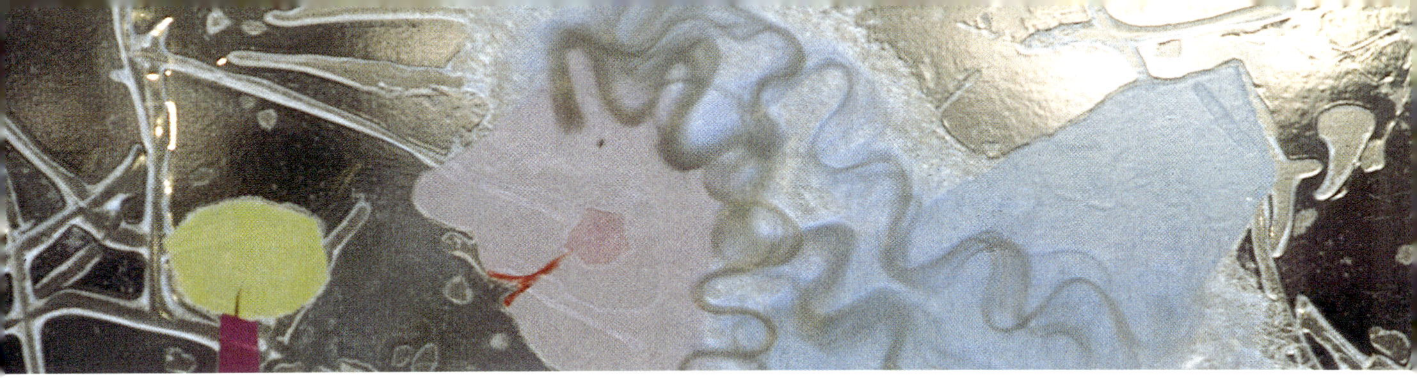

Die Kinder vertreiben sich die lange Zeit des Wartens mit Wunschzettel schreiben und weihnachtlichen Basteleien. Jeden Morgen öffnen sie in großer Spannung ein Türchen am Adventskalender und zählen die Tage bis Weihnachten. Es geschehen geheimnisvolle Dinge: Da huschen Weihnachtsmäuse durchs Haus, Engel schweben durch süße Träume, Glöckchen klingen und am Abendhimmel leuchtet der „Weihnachtsstern“. Advent ist die Zeit der wundersamen Geschichten, Fantasien und Geheimnisse. Lassen Sie sich gefangen nehmen vom Zauber der Adventsstimmung bei Kerzenschein und von adventlichen Geschichten aus aller Welt: von Jultompte aus Skandinavien, von Sinterklaas und dem Zwarten Piet, die mit dem Schiff aus Spanien in Holland ankommen, von Santa Claus, der mit seinem Schlitten und seinem Rentier Rudi übers Haus fliegt, und den Kalikanzari aus Griechenland. Feiern Sie den Besuch des Nikolaus bei fröhlichen Nikolausspielen und ein besinnliches Lichterfest mit Luzia aus Schweden. Oder stimmen Sie sich bei einem Hirtenfest auf Weihnachten ein. Wir wünschen allen Leserinnen, Lesern und Kindern mit den Fantasiegeschichten in diesem Buch eine friedvolle und fantasiereiche Adventszeit.

Ein Lichtlein brennt

Adventskranz-Würfeln

In der Gärtnerei sind die Adventsheinzel sehr beschäftigt: Sie schneiden Tannengrün, stecken die Zweige auf Strohkränze, binden Schleifen und schmücken die fertigen Adventskränze mit Kugeln und Kerzen. Bis zum ersten Advent müssen noch viele Kränze fertig werden.

Auf dem Boden liegen zwei Gymnastikreifen. Daneben stehen Körbe mit den Materialien für die Kränze: vier grüne Tücher, fünf Kugeln, vier Zapfen, fünf Sterne und vier dicke Kerzen. Die Kinder bilden zwei Mannschaften. Sie spielen die Adventsheinzel. Der Reihe nach wird gewürfelt. Immer wenn eine Sechs kommt, wird ein Teil zum Adventskranz gelegt: Mit den ersten Sechsen werden die grünen Tücher auf den Reifen gelegt, dann wird der Kranz bei jeder Sechs geschmückt. Welche Mannschaft hat ihren Kranz als Erste fertig?

Leuchtendes Adventshaus

Man braucht:
- verschieden große Schachteln
- 24 Teelichter
- Tonpapier
- Kartondeckel als Untergrund

Die Schachteln pyramidenartig zusammenkleben und mit Fenstern aus Buntpapier bekleben. Wer mag, kann als Hintergrund noch Tannen aus Tonkarton an den Schachtelrand kleben. Dann das Haus mit 24 Teelichtern schmücken und für jeden Tag ein neues Lichtlein anzünden.

Ein besonderer Adventskranz

Bei dieser Aktion gestalten die Kinder über die gesamte Adventszeit hinweg einen großen Adventskranz aus vielen Lichtern. Auf einem Tisch liegt ein rotes oder grünes Tuch. Mit Tannenzweigen wird ein großer Kreis auf das Tuch gelegt, der Adventskranz. Für alle Tage des Advents stehen viele verschiedene Lichter bereit: eine Kerze in einem Leuchter, ein Teelicht in einem Glas oder ein Windlicht mit einer dicken Kerze. Jeden Tag sucht ein Kind ein Licht aus, zündet es an und stellt es an den Tannenkranz. Mit den Lichtern erleben die Kinder, wie es immer heller wird, wenn das Weihnachtsfest heranrückt.

Kerzenwichtel

Man braucht:
- Krepppapier
- Zahnstocher
- Kerzenhalter
- Kerzen
- Äpfel
- Filzstifte
- Blumentöpfe
- Engelshaar
- Nadel und Faden

Für jeden Wichtel zwei Äpfel mit Zahnstochern zusammenstecken. Engelshaar auf die Köpfe legen und die Kerzenhalter darüber stecken. Aus Krepppapier einen Streifen zuschneiden und durch den oberen Rand einen Faden ziehen. Als Umhang um den Wichtel legen und den Faden unter dem Kopf zubinden. Den Wichteln mit Filzstiften ein Gesicht malen und sie noch mit kleinen Christbaumkugeln schmücken.

Wie lange noch warten?

Im Adventshaus

Das Adventshaus ist ein geheimnisvolles Haus. Hier wohnt die Zeitfee Silberhaar. Wenn die Kinder die Fenster im Adventshaus öffnen, erfüllen sich täglich ihre Spielwünsche auf wundersame Weise. Die Zeitfee Silberhaar verschenkt Zeit.

An jedem Tag im Advent wird ein Kind ausgelost. Es darf ein Fensterchen im Adventshaus öffnen. Dazu krabbelt es ins Adventshaus hinein, öffnet das Fenster und wünscht sich ein Kreis- oder Singspiel, das noch am selben Tag gespielt wird. Hinter dem Weihnachtstor mit der Nummer 24 erwartet die Kinder eine Weihnachtsüberraschung: Dort steht eine Verkleidungskiste mit Kostümen für Maria und Josef, für die Hirten, für Ochs, Esel und Schafe, für Engel, Tannenbäume und Sterne usw. Alle Kinder spielen zusammen ein weihnachtliches Krippenspiel.

Adventshaus

Man braucht:
- Pappe
- Lametta
- Silberspray
- Engelshaar
- Cutter
- Klebstoff
- Buntpapier

Man kann das Adventshaus so groß basteln, dass ein Kind dahinter stehen kann, oder auch in Klein, dementsprechend groß muss die Pappe sein. Ein rechteckiges Stück Pappe der Länge nach dreimal knicken, sodass 3 gleich große Flächen entstehen wie bei einem Paravent. Mit dem Cutter spitze Dächer ausschneiden, außerdem Türen und Fenster, die sich öffnen lassen. Das Haus mit Silberspray einsprühen und die Fenster mit Buntpapier bekleben. Von außen Zahlen darauf schreiben. Die Giebel mit Engelshaar und Lametta schmücken.

Unsichtbare Zeit

Noch niemand hat die Zeitfee Silberhaar gesehen, aber manchmal kann man ihre unsichtbare Uhr ticken hören.

Die Kinder bilden einen Kreis und nehmen ihre Hände auf den Rücken. Ein Kind geht in die Kreismitte und hält die Augen geschlossen. Es soll nicht sehen, welches Kind die Fee Silberhaar spielt, das einen tickenden Wecker in die Hand gelegt bekommt. Das Kind in der Mitte wandert anschließend mit offenen Augen im Kreis herum. Alle müssen sehr still sein, damit das Ticken der Uhr zu hören ist. Wer entdeckt die Zeitfee Silberhaar mit dem tickenden Wecker?

Advents-Wichtel

Man braucht:

- Karton
- Watte
- Farben
- 24 Schachteln in verschiedenen Größen
- Buntpapier
- Klebstoff

Die Umrisse des Mantels, der Hände und Füße auf Karton aufmalen, anmalen und ausschneiden. Damit später auch alle 24 Schachteln Platz haben, sollte der Mantel ungefähr einen Meter hoch sein. Die Schachteln anmalen oder mit Buntpapier einwickeln und auf den Mantel kleben. Zahlen von 1-24 auf die Schachteln schreiben. Kopf und Mütze aus Karton ausschneiden, bemalen und oben an den Mantel kleben. Wattehaare ankleben und darauf warten, dass jemand über Nacht die Schachteln füllt.

Ein Winterwunder

Barbarazweige

Barbara sitzt am Fenster und schaut hinaus in den winterlichen Garten. Was leuchtet da so hell zwischen den kahlen Zweigen? Der Kirschbaum blüht! Blüten mitten im Winter? Wie kann das sein?

Die Kinder hocken im Fersensitz im Kreis auf dem Boden. Sie gehen auf Fantasiereise. Stellt euch vor:

Es ist kalt und frostig.

Ihr seid kahle Zweige an einem Kirschbaum.

Der Winterwind rüttelt und schüttelt euch. (Die Kinder wackeln hin und her.)

Plötzlich spürt ihr eine wunderbare Wärme. (In die Kreismitte wird ein Zweig gestellt.)

Sie wandert von euren Füßen bis zum Kopf.

Die Knospen an eurem Zweig werden dick. (Die Kinder legen ihre Hände aneinander und spüren die Wärme in den Handflächen.)

Mit einem Ruck platzen sie auf. (Die Kinder klatschen in die Hände.)

Langsam entfalten sich zarte, kleine Blüten. (Die Kinder zeigen ihre Hände, die sich öffnen.)

Ein Winterwunder ist geschehen. Aus einem kahlen Zweig sind zarte Blüten gewachsen.

Blütenzweige

Die Kinder bilden Paare. Auf den Boden werden zwei kahle Zweige aus dem Garten gelegt. Im Raum verteilt liegen weiße und rosa Blüten aus Papier. Vor Spielbeginn legen die Paare fest, wer welche Blütenfarbe hat. Dann laufen die beiden Kinder los, sammeln ihre Blüten ein und legen sie zu ihrem Zweig. Welcher Zweig ist als Erster voll aufgeblüht?

Winterwunderzweig

Man braucht: • Zweige • Filz • Blumendraht • Perlen

Aus dem Filz Blüten ausschneiden. Für jede Blüte ein Stück Blumendraht abschneiden. Den Draht von unten durch die Blüte stecken, eine Perle auffädeln, dann den Draht wieder von oben durch die Blüte stecken. Die Drahtenden mehrfach um den Zweig biegen.

Winterwunderbaum

Man braucht:
- ein dickeres Aststück mit kahlen Zweigen
- Blumentopf mit Sand gefüllt
- Buntpapier
- Knete
- Klebstoff

An das Aststück eventuell mit Blumendraht noch ein paar Zweige binden. Aus Knete Augen, Nase und Mund formen und an den Ast kleben. Aus Buntpapier Vögel oder Fabelwesen ausschneiden und an die Zweige kleben.

In der Weihnachtsbäckerei

Plätzchenbäcker

Der Dezemberhimmel leuchtet rosarot: Die Engel backen Weihnachtsplätzchen. In der Himmelsküche duftet es nach Zimtsternen und Lebkuchen. Serafina, der Küchenengel, zeigt den kleinen Bäckerengeln, was zu tun ist.

Die Kinder sitzen im Kreis. Ein Kind spielt Serafina. Es zeigt pantomimisch, was in der Himmelsküche gearbeitet wird, z. B. rühren, kneten, wiegen, bestreichen, naschen. Alle anderen Kinder machen nach, was Serafina vormacht. Doch aufgepasst! Manchmal wird ein kleiner Bäckerengel müde und verpasst den Wechsel in Serafinas Bewegungen. Dann scheidet er aus und ruht sich bis zu einer neuen Spielrunde aus.

Figuren aus Marzipan

Man braucht:
- Marzipanrohmasse
- 1 Brett
- Mandeln
- Zuckerzeug zum Verzieren

Auf einem großen Brett die Marzipanrohmasse klopfen und formen. Dem Igel zum Beispiel eine spitze Schnauze modellieren. Dann die Mandeln als „Stacheln" in den Igel stecken. Aus Marzipan lassen sich viele verschiedene Figuren formen.

Ausstechförmchen raten

In der Himmelsküche steht eine große Blechdose mit Ausstechförmchen für Sterne, Herzen, Monde, Tannenbäume, Schafe und vieles mehr. Serafina und die Bäckerengel vertreiben sich mit einem Ratespiel die Zeit, bis die nächsten Bleche mit Weihnachtsplätzchen aus dem Ofen gezogen werden.

In der Kreismitte liegen verschiedene Ausstechförmchen. Die Kinder reichen sie von Hand zu Hand weiter und versuchen, sich ihre Form einzuprägen. Dann schließt ein Kind die Augen. Ein anderes wählt ein Förmchen aus und legt es ihm in die Hand. Nur durch Tasten versucht es herauszubekommen, was in seiner Hand liegt. Für jedes richtig geratene Förmchen gibt es einen Punkt.

Weihnachtsschmuck

Man braucht:
- lufttrocknende Modelliermasse
- Glitzerkram und Perlen
- Ausstechformen
- Klebstoff
- Farben

Die Modelliermasse auf einem Brett weich klopfen oder mit einem Nudelholz ausrollen. Mit den Ausstechformen verschiedene Motive ausstechen. Auf einem trockenen Untergrund nach Anleitung trocknen lassen. Dann die Formen bemalen und bekleben. Will man den Schmuck aufhängen, muss man vor dem Trocknen mit einem Nagel ein Loch in jede Figur stechen.

Sterne aus Stroh

Der kleine Hirte Jonathan

Jonathan, der kleine Hirte,
läuft hinaus, er ist so froh,
hält in seinen kalten Händen
einen schönen Stern aus Stroh.

Jonathans Stern

Die Hirten wollen dem neugeborenen Kind in Bethlehem Geschenke bringen, doch der kleine Jonathan hat nichts, was er verschenken könnte. Traurig schläft er auf seinem Strohsack ein und träumt einen wundersamen Traum ... Aus den Strohhalmen, mit denen sein Strohsack gefüllt ist, entsteht wie von Zauberhand ein großer Strohstern.

Auf dunkelblaue Tonpapierbögen werden Sternformen aufgezeichnet und auf den Boden gelegt. Daneben liegen Strohhalme bereit. Die Kinder bilden kleine Gruppen und legen gemeinsam aus den Halmen einen großen Stern. Dazu hören sie ruhige Traummusik.

Strohsterne

Man braucht:
- Strohhalme
- Faden
- Goldpapier
- Klebstoff

Die Strohhalme in einer bestimmten Länge zuschneiden und so, wie auf der Zeichnung zu sehen ist, mit einem Faden umwickeln. Den Faden verknoten. Man kann auf diese Weise noch viele Strohhalme dazubinden oder Sterne aus Goldfolie ausschneiden und hinter den Strohstern kleben.

Strohsterne verschenken

Glücklich läuft Jonathan mit seinem Strohstern den anderen Hirten durch die Dämmerung nach. Zum Glück helfen ihm die Fußstapfen der Hirten, den Weg zum Stall zu finden.

Ein Kind setzt sich mit dem Rücken zu den anderen auf den Boden. Es spielt Maria, die ihr neugeborenes Kind in den Armen wiegt. Vor ihr steht eine Kiste – die Krippe. Der Raum ist dunkel und wird nur von einigen kleinen Lichtern erhellt. Auf dem Boden liegen Fußspuren aus Pappe. Ein Kind spielt Jonathan, den kleinen Hirten. Mit einem Strohstern in der Hand läuft es los. Es tritt von Fußspur zu Fußspur, bis es bei Maria und dem Kind angelangt ist. Dort legt es den Strohstern in die Krippe.

Kind in der Krippe

Man braucht:
- 1 Klorolle
- Goldpapier
- 1 Wattekugel
- Farben
- weißen Filz
- Schachtel mit Stroh

Die Klorolle mit Filz bekleben. Die Wattekugel bemalen und in die Rolle kleben. Arme aus Filz ausschneiden und an die Rolle kleben. Einen Kreis aus Goldpapier ausschneiden und an den Kopf kleben. Dann das Kind in die Schachtel mit dem Stroh legen.

Kling, Glöckchen

Denkt euch, ich habe das Christkind gesehen

Das Christkind zieht in der Nacht vor dem Heiligen Abend unbemerkt durch die einsamen Straßen. Nur das Glöckchen an seinem Schlitten bimmelt leise durch die Nacht.

Ein Kind spielt das Christkind. Es sitzt in einem abgedunkelten Raum in einem Versteck und hält ein Glöckchen in der Hand. Der Raum ist nur von einem Kerzenlicht ein wenig erhellt. Die Kinder vor der Tür warten neugierig auf das Bimmeln des Glöckchens und gehen einzeln in das dunkle Zimmer hinein. Im Dunkeln lauscht das suchende Kind dem Glöckchen und versucht, das Christkind zu finden. Wenn es das Christkind entdeckt hat, wird es das nächste Christkind.

Klingel-Christkind

Man braucht:

- Trinkbecher
- Lametta
- 2 Glöckchen
- Filz
- Farben
- Zahnstocher
- Pfeifenreiniger
- Wattekugel

Der Wattekugel ein Gesicht aufmalen und sie auf einen Zahnstocher spießen. Das andere Ende des Zahnstochers in den umgedrehten Trinkbecher stecken. Den Trinkbecher mit weißem Filz bekleben. Den Pfeifenreiniger unterhalb des Kopfes um den Zahnstocher wickeln. Jeweils an den Enden ein Glöckchen befestigen. Nun dem Christkind noch Lamettahaare ankleben und eine spitze weiße Filzmütze über die Haare kleben.

Kling und Klang

Die Kinder sitzen im Kreis. Im Innenkreis wandert ein Kind mit einem Glöckchen. Alle sprechen gemeinsam den folgenden Sprechgesang:

Glöckchen kling,
Glöckchen sing,
mit Kling und Klang
die Straß' entlang.

Läute laut und
bimmel leise,
ruh' dich aus
von deiner Reise!

Beim letzten Wort „Reise" bleibt das Glockenkind stehen und lässt das Glöckchen verstummen. Das Kind, dem es nun gegenüber steht, bekommt das Glöckchen überreicht und wandert nun als Glockenkind weiter im Innenkreis, während alle wieder den Glocken-Sprechgesang aufnehmen.

Bimmel-Zwerg

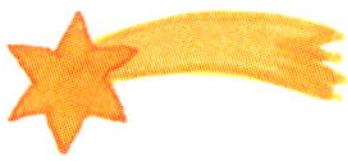

Man braucht:
- alles wie beim Christkind, nur statt des Lamettas Watte

Für den Bimmelzwerg die Teile genauso zusammensetzen wie beim Klingel-Christkind auf Seite 16. Den Trinkbecher mit rotem Filz bekleben, dem Kopf Wattehaare und einen Bart ankleben und eine rote Filzmütze auf den Kopf des Zwerges kleben.

O Tannenbaum

Der schönste Baum von allen

Der Förster sucht im Wald einen Weihnachtsbaum für seine Familie. Es ist dunkel geworden, er kann nicht mehr viel sehen. Langsam tastet er sich von Baum zu Baum. Da fühlt er mit der Hand einen Zapfen, der fühlt sich sehr schön an. Er denkt: „Das ist der schönste Baum von allen!"

Viele Kinder stehen als Tannenbäume eng beieinander im Raum. Ein Kind spielt den Förster und bekommt die Augen verbunden. Es tastet sich von „Baum zu Baum" zwischen den Kindern hindurch. Ein Kind hält einen Tannenzapfen in der Hand. Der Förster versucht, den Zapfen durch Tasten zu finden.

Christbaumschmuck

Man braucht:

- lufttrocknende Modelliermasse
- Goldfolie, Tonpapier
- Nagel
- Farben
- Federn
- Messer

Die Modelliermasse auf einer glatten Unterlage weich klopfen. Dann mit dem Messer Figuren ausschneiden. Die Ränder schön glatt streichen. Dann in jede Figur oben mit dem Nagel ein Loch hineinbohren. Die Figuren nach Anweisung trocknen lassen und bemalen. Die Figuren mit Gold- und Buntpapier verzieren, durch die Löcher Fäden ziehen und im Baum aufhängen.

Der geschmückte Tannenbaum

Die Eichhörnchen Pucki und Pit sind aufgeregt. Morgen ist Weihnachten und sie haben ihre Tannenbäume noch nicht geschmückt. Schnell laufen sie zur guten Hexe Hilda im Wald und bitten sie um Weihnachtsschmuck.

Zu Beginn der Tannenbaumstaffel werden aus Tannenzapfen zwei Slalomwege nebeneinander gelegt. Die Kinder werden in zwei Eichhörnchenmannschaften aufgeteilt: die Puckis und die Pits. Sie stellen sich in einer Reihe hinter ihrem „Waldweg" auf. Jede Mannschaft erhält einen Tannenzweig, der geschmückt werden muss. Auf ein Startkommando läuft das erste Eichhörnchen jeder Mannschaft durch seinen Slalom-Waldweg. Am Ende des Weges steht ein Karton mit Tannenbaumschmuck. Daraus nimmt jedes Kind ein Teil heraus, läuft wieder im Slalom zu seiner Mannschaft zurück, hängt es an den Tannenzweig und das nächste Kind läuft los. Welche Eichhörnchen haben ihren Tannenbaum zuerst geschmückt?

Fantasie-Tannenbäume

Man braucht:
- Pappe
- Buntpapier
- Blumentopf
- Knöpfe
- Draht, Blumendraht
- Farben und Pinsel
- Sand
- Klebstoff

Man kann Tannenbäume auch nach eigener Fantasie gestalten. Man kann sie aus Pappe kleben und bemalen oder aus Draht formen und in einen Blumentopf mit Sand stecken. Dann werden die Tannenbäume mit Knöpfen, Perlen, Päckchen oder anderen verrückten Sachen geschmückt.

Leise rieselt der Schnee

Schneezauber

Die Schneekönigin Federleicht fährt in ihrem weißen Schlitten, der von Schimmeln gezogen wird, über den Himmel. Das Getrappel der Hufe reißt die watteweichen Schneewolken auf und lässt weiße, zarte Flocken auf die Erde fallen.

Auf einen weißen, transparenten Stoff legen die Kinder weiße Wattebäusche. Es ist eine Schneewolke. Einige Kinder legen sich auf den Boden, alle anderen schwingen die Schneewolke mit vorsichtigen Bewegungen über ihnen auf und ab. Der Stoff berührt die Gesichter der Kinder ganz sanft. Die Kinder stellen sich vor, dass sie Bäume, Sträucher, Pflanzen oder Steine sind, die vom fallenden Schnee zugedeckt werden. Nach einiger Zeit werden die Rollen gewechselt.

Rieselbild

Man braucht:

- rahmenlosen Bildhalter
- Buntpapier
- Klebestreifen
- dicke Pappstreifen
- Papiermesser
- Salz

Aus Buntpapier einen Hintergrund in der Größe des Bildhalters ausschneiden und auf den Pappuntergrund des Bildhalters kleben. Dann den Hintergrund genau in der Mitte teilen und jede Hälfte mit einem Motiv bemalen oder bekleben. Nun 1 cm breite Pappstreifen zuschneiden und rings um die Motive kleben. Der Pappstreifen, der durch die Mitte geklebt wird, bekommt zwei Schlitze. Die eine Hälfte des Bildes komplett mit Salz füllen. Dann die Glasplatte über das Bild legen und ringsherum mit Klebestreifen befestigen. Wenn man das Bild nun aufstellt, rieselt leise der „Schnee“.

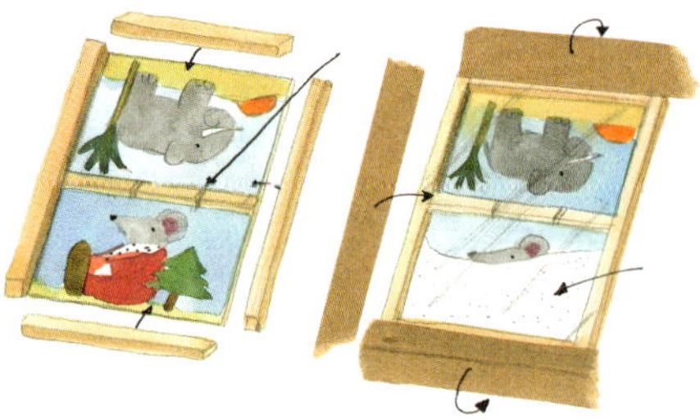

Unterm Schnee versteckt

Wenn Schneeflocken vom Himmel fallen und die Erde mit einem weißen Teppich zudecken, ziehen sich die Kinder warm an und gehen nach draußen. Mit einem Stock zeichnen sie einen großen Kreis in den Schnee und legen dort verschiedene Gegenstände hinein, z. B. einen Ball, ein Springseil, Sandförmchen, Steine. Die Kinder beobachten, wie der Schnee alles zudeckt. Wenn es aufgehört hat zu schneien, versuchen die Kinder zu erraten, was unter der Schneedecke verborgen ist. Was lässt sich noch erkennen?

Schneekönigin

Man braucht:
- Lametta
- Watte
- Pappe
- Folie
- Engelshaar
- Farben
- weißes Papier
- Klebstoff

Die Pappe anmalen und trocknen lassen. Aus weißem Papier einen Schlitten, die Schneekönigin und das Pferd ausschneiden und aufkleben. Der Schneekönigin ein Gesicht aufmalen, Engelshaar und eine silberne Krone aufkleben. Das Pferd bekommt eine Lamettamähne, die Königin einen Umhang aus Folie. Das ganze Bild zum Schluss mit Schneeflocken aus Watte bekleben.

Abendstern-Weihnachtsstern

Das verirrte Abendsternchen

Das Abendsternchen hatte schreckliche Angst. Er hatte sich am Abendhimmel verlaufen und war in eine schwarze Höhle geraten. Zum Glück war der gute, alte Weihnachtsstern gerade auf dem Weg nach Bethlehem. Er sah das Abendsternchen verschwinden und schickte sofort einen leuchtenden Strahl aus seinem Sternenschweif mitten in die Dunkelheit hinein. So fand das Abendsternchen den Weg aus der Dunkelheit hinaus.

Immer ein Kind spielt das verirrte Abendsternchen. Es stellt sich in einem abgedunkelten Raum in die Mitte. Das Licht wird gelöscht, alles wird noch dunkler. Der Weihnachtsstern kommt mit seinem Sternenschweif – eine helle Taschenlampe – ins dunkle Zimmer. Er führt das Abendsternchen mit dem Strahl der Taschenlampe aus der Dunkelheit hinaus.

Leuchtender Weihnachtsstern

Man braucht:

- Wellpappe
- Cutter
- gelbes Transparentpapier
- Klebstoff
- Goldkarton
- 2 Zahnstocher

Aus dem goldenen Karton einen Schweifstern ausschneiden. Aus der Mitte des Sterns einen Kreis ausschneiden. Den Kreis von hinten mit dem gelben Transparentpapier bekleben. Außerdem einen Streifen Wellpappe so wie auf der Zeichnung hinter den Kreis kleben. Die Zahnstocher so in die Wellpappe stecken, dass der Stern steht. Ein Teelicht in den Wellpappestreifen stellen und anzünden.

Sternenregen

Seit dieser besonderen Nacht begleitet das Abendsternchen den Weihnachtsstern auf seinem Weg nach Bethlehem. Immer wenn ein Kind geboren wird, lassen der Weihnachtsstern und das Abendsternchen einen Sternenregen mit vielen guten Wünschen auf die Erde regnen.

Jedes Kind schneidet vor Beginn des Spiels einen goldenen Stern aus und klebt ein gemaltes Weihnachts- oder Glückssymbol darauf, z. B. Herz, Kerze, Engel, Blume, Kleeblatt, Glückskäfer usw. Alle Glückssterne werden auf ein großes Schwungtuch gelegt und durch die Luft gewirbelt. Der Sternenregen rieselt auf die Kinder herab und jedes Kind fängt einen Glücksstern.

Sternenregen

Man braucht:
- Holzkleiderbügel
- Goldpapier
- Klebstoff
- Farben und Pinsel
- Tonkarton
- Schnüre

Den Kleiderbügel mit blauer Farbe bemalen. Aus dem Goldpapier viele Sterne ausschneiden. Einige Sterne auf den Kleiderbügel, die anderen auf die Schnüre kleben. Aus gelbem Tonkarton ein Mondgesicht mit einer Mütze ausschneiden. Die Mütze rot anmalen und dem Mond ein Gesicht malen, dann auf den Kleiderbügel kleben. Die Schnüre mit den Sternen an dem Kleiderbügel festbinden.

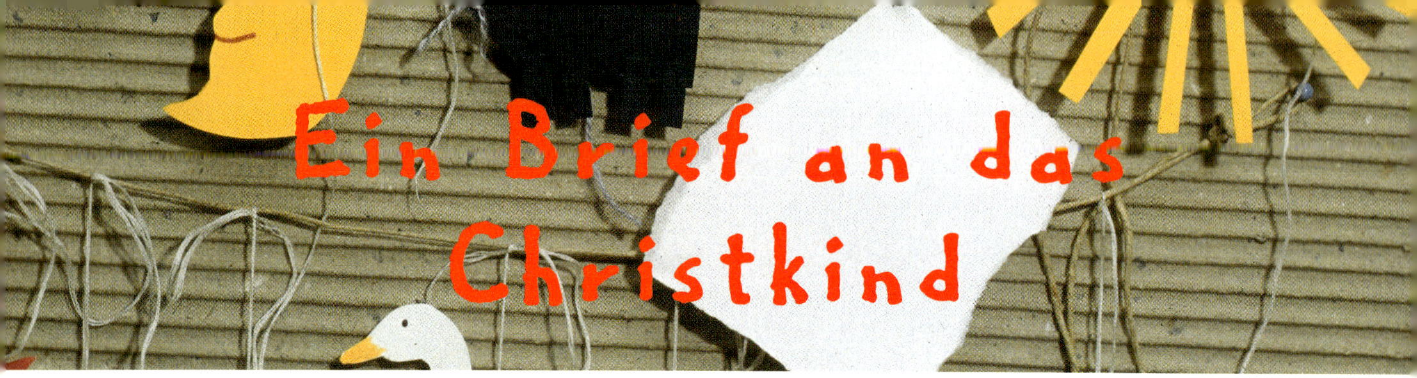

Ein Brief an das Christkind

Wunschzettel

Wenn es Weihnachten wird, hat das Christkind viel zu tun. Es schwebt von Haus zu Haus und holt rechtzeitig alle Wunschzettel ab, um die Wünsche der Kinder bis Weihnachten zu erfüllen. Doch das Christkind hat sich in diesem Jahr erkältet und muss sich ausruhen. Es schickt Engel auf die Erde, die das Wunschzetteleinsammeln übernehmen.

Es werden viele Briefumschläge im Raum versteckt. Auf ein Startkommando schweben die Kinder als Engel durch den Raum und suchen so viele Briefumschläge wie möglich. Wer kann dem Christkind am Ende des Spiels die meisten Wunschzettel überreichen?

Rabenpost

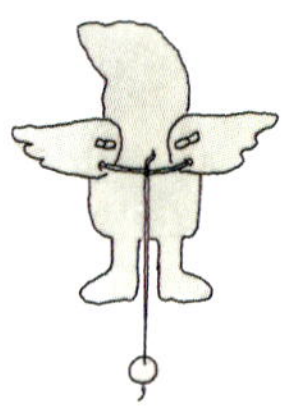

Man braucht:
- Tonkarton
- Perle
- 2 Briefklammern
- Schnur
- Cutter

Die Teile für den Raben (Körper, Kopf, Schnabel, Flügel, Beine) aus Tonkarton ausschneiden und alles, bis auf die Flügel, zusammenkleben. Den Schnabel unten nicht festkleben, sondern etwas abstehen lassen, damit man den Brief hinter den Schnabel klemmen kann. In die Flügel je zwei Löcher bohren und in den Rabenkörper rechts und links je ein Loch. Die Flügel mit Briefklammern befestigen.
Die Schnur so wie auf der kleinen Zeichnung festknoten. Unten an die Schnur eine Perle knoten.

Himmlisches Postamt

Auf dem himmlischen Postamt ist die Wunschzettelpost bei einem Schneesturm völlig durcheinander gewirbelt worden. Das Christkind und seine Engel versuchen, in aller Eile die Wunschzettel-Puzzleteile wieder zusammenzusetzen.

Zur Spielvorbereitung werden folgende Motive mit Bleistift auf jeweils ein DIN-A4-Blatt als Kopiervorlage gemalt: ein Ball, ein Tannenbaum, ein Auto, ein Teddy, eine Puppe. Die Motive werden für jedes Kind vervielfältigt und dann von den Kindern ausgemalt. Jedes Blatt wird nun in vier gleich große Puzzleteile zerschnitten. Jedes Kind erhält seine Puzzleteile vor Spielbeginn unsortiert in einem verdeckten Stapel. Auf ein Startkommando versuchen alle Kinder, so schnell wie möglich alle Puzzleteile aufzudecken und ihre Wunschzettel wieder zusammenzufügen. Um das Spiel für jüngere Kinder zu vereinfachen, können auch nur ein oder zwei Motive gepuzzelt werden.

Post in Streichholzschachteln

Man braucht:
- leere Streichholzschachteln
- Filzstifte
- Federn
- Tonpapier
- Klebstoff
- Goldpapier

Aus Tonpapier Motive wie Katze, Lok, Sonne, Engel ausschneiden. Dabei darauf achten, dass die Motive die Streichholzschachteln bedecken. Die Motive auf die Schachteln kleben und bemalen oder bekleben. Die Schachteln dann mit kleinen Wunschzetteln füllen.

Wer hat die Weihnachtsmaus gesehen?

Weihnachtsrätsel

Ich kenne eine kleine Maus,
die wohnt gleich nebenan im Haus.
Im kuschelig warmen Winternest
träumt sie von ihrem Lieblingsfest.

Sie schnuppert süßen Plätzchenduft
und reckt ihr Näschen in die Luft.
Auf hundert grünen Tannenspitzen
sieht sie kleine Lichter blitzen.

Da klingen Glocken aus der Ferne,
die Maus mag ihren Traum so gerne.
Sie reckt sich, streckt sich und erwacht,
es ist gewiss schon ...

(Heilige Nacht)

Walnuss-Mäuse

Man braucht:
- Walnüsse
- Goldspray
- Filzstift
- Wolle
- Filz
- Perlen

Die Walnüsse so knacken, dass die Schalenhälften erhalten bleiben. Die Walnusshälften auf eine alte Zeitung legen und mit Goldspray einsprühen. Dann trocknen lassen. Aus Filz kleine Ohren ausschneiden und ankleben. Eine Perle als Schnauze ankleben und einen Schwanz aus einem Wollfaden nicht vergessen. Mit einem Filzstift Augen aufmalen.

Weihnachtsmäuse aufgepasst!

Die Weihnachtsmäuse kommen neugierig aus ihren Mauselöchern und versuchen, eine süße Weihnachtsköstlichkeit zu ergattern. Doch aufgepasst ihr Weihnachtsmäuse, lasst euch nicht erwischen!

Ein Kind steht mit dem Gesicht zur Wand. Hinter ihm steht ein Teller mit Plätzchen, den es „bewacht". Die anderen Kinder spielen die Weihnachtsmäuse. Sie stehen in einiger Entfernung in einer Reihe nebeneinander und versuchen, so leise wie möglich an den Plätzchenteller heranzuschleichen. Sobald das Kind ein Geräusch hört, ruft es: Stopp! und dreht sich schnell um. Die Weihnachtsmäuse erstarren auf der Stelle. Wen das Kind noch in Bewegung erwischt, den schickt es zurück zur Startposition. Die Weihnachtsmaus, die so leise geschlichen ist, dass sie nicht erwischt wurde und dem Kind als Erstes auf den Rücken klopft, bekommt ein Plätzchen.

Weihnachtsmaus in der Tüte

Man braucht:
- leere Klorolle
- Holzstäbchen
- roten Filz
- Klebstoff
- Wattekugel
- Faden

Die Klorolle mit dem Filz so bekleben, dass oben ein großes Stück Filz übersteht. Die Wattekugel auf den Stab stecken und festkleben. Dann den Stab durch die Klorolle schieben und unterhalb des Mäusekopfes den roten Filz mit einem Band zubinden. Der Maus noch eine rote Filzmütze und ein paar graue Ohren ankleben. Die Maus mit der einen Hand festhalten und mit der anderen den Stab rauf oder runter bewegen. So kann sich die Maus verstecken oder wieder auftauchen.

Trompetenklang und Engelchor

Ein Engelweihnachtschor

(Lied auf die Melodie von: O Tannenbaum)

Vom Glockenturm, vom Glockenturm
ertönen Weihnachtslieder:
Posaunen- und Trompetenklang
und wundersamer Engelsang.
Vom Glockenturm, vom Glockenturm
ertönen Weihnachtslieder.

Wie wunderschön, wie wunderschön
die Engelsstimmen klingen.
Sie singen in der Dunkelheit
vom hellen Licht der Weihnachtszeit.
Wie wunderschön, wie wunderschön
die Engelsstimmen klingen.

Die Kinder sitzen im Kreis und singen gemeinsam das Lied. Mit verschiedenen Instrumenten begleiten sie den Engelchor. In der ersten Strophe spielen sie auf lauten, kräftigen Instrumenten: Trommeln, Schellenkranz, Tröten, Klanghölzer etc. In der zweiten Strophe kommen nur zarte, leise Instrumente zum Einsatz: Zimbeln, Glöckchen, Triangel etc.

Fliegender Engel

Man braucht:
- weißen Tonkarton
- Goldpapier
- Engelshaar
- Filzstifte
- Klebstoff
- Messer

Einen fliegenden Egel auf Tonkarton aufzeichnen und ausschneiden. Gesicht, Hände und Füße aufmalen. Aus Goldpapier Flügel wie eine Ziehharmonika falten. Einen Schlitz in den Engel schneiden, die Flügel durchziehen und wieder auseinander falten. Engelshaar um das Gesicht kleben und eine goldene Posaune aufkleben.

Engelwirrwarr

Die Engel aus dem Engelchor sind sehr aufgeregt. Gleich beginnt das Engelkonzert, aber sie stehen noch ziemlich ungeordnet herum. Wer bringt Ordnung in den Engelwirrwarr?

Die Kinder laufen kreuz und quer durch den Raum. Ein Kind ist Leiter des Engelchors. Es ruft Zahlen in den Raum, z. B. fünf. Blitzschnell müssen sich die Kinder zu Fünfergruppen zusammenfinden. Wer keine Gruppe findet, scheidet aus. Bei dem Ruf „Engelchor" müssen sich alle Kinder in einer Reihe nebeneinander aufstellen.

Filtertüten-Engel

Man braucht:

- weiße Filtertüten
- Tortendeckchen
- Engelshaar
- rosa Wattekugel
- Goldfolie
- Stecknadel mit Kopf
- weiße Papierservietten
- Nadel und Faden

Die Filtertüte am schmalen Rand mit einem Faden zusammenziehen. Dabei die Wattekugel gleich mit an die Filtertüte nähen. Die Serviette wie eine Ziehharmonika falten, in der Mitte zusammenkleben und hinten an die Filtertüte kleben. Arme und Beine aus Papierstreifen zusammenrollen und ankleben. Aus Buntpapier Hände und Füße ausschneiden und ankleben. Dann noch die Haare ankleben, die Stecknadel als Nase in den Kopf stecken und eine Posaune aus Goldpapier ausschneiden.

Mit dem Nussknacker durch Eis und Schnee

Auf und davon!

Das Apfelmännchen, der Nussknacker und das Tannenbäumchen wollen den Nikolaus suchen gehen. Auf ihrem Weg durch die Winterlandschaft müssen sie sieben Aufgaben lösen, bis sie den Nikolaus mit seinem Schlitten gefunden haben.

Die Kinder basteln vor Beginn des Würfelspiels die verschneite Landschaft als Spielfeld, außerdem die drei Spielfiguren Apfelmännchen, Nussknacker und Tannenbäumchen. Dann wird reihum gewürfelt. Wenn ein Kind mit seiner Spielfigur auf ein goldenes Feld mit einer Zahl kommt, wartet eine Aufgabe. Am Ende des Weges finden Apfelmännchen, Nussknacker und Tannenbäumchen endlich den Nikolaus.

Nussknacker-Spiel

Man braucht:

- Korken
- Farben
- Wattekugel
- Zahnstocher
- Streichholzschachtel
- großes Stück Pappe
- Tonkarton
- Goldfolie

Die Wattekugel anmalen und ein Stück Zahnstocher als Stiel oben hineinstecken. Den Tannenbaum aus Tonpapier ausschneiden und auf einen Korken kleben. Die Streichholzschachtel mit Tonkarton bekleben. Einen Wichtel aus einem Korken basteln und auf den Schlitten kleben. Den Korken als Nussknacker bemalen und eine Krone aus Goldfolie ankleben. Die große Pappe weiß bemalen und Spielfelder aus Goldpapier darauf kleben.

Die sieben Aufgaben

Einige Felder auf dem Spielfeld sind mit Zahlen von 1 bis 7 versehen. Jede Zahl steht für eine Aufgabe:

1 Das Eichhörnchen ist aus seinem Winterschlaf erwacht. Es bittet um Nüsse. Nur wer eine 1 oder 6 würfelt, darf weitergehen.

2 Die Winterhexe lädt zum Bratapfelessen in ihr Knusperhäuschen ein. Doch Vorsicht, die Bratäpfel sind sehr heiß! Eine Runde aussetzen!

3 Die Glocken läuten aus der Ferne. Wer ein Weihnachtslied kennt, in dem Glocken vorkommen, darf nochmal würfeln. Wer die Strophe eines Glockenweihnachtsliedes singen kann, darf noch zweimal würfeln.

4 Der Nussknacker ist im Schnee ausgerutscht. Seine Freunde eilen ihm zu Hilfe. Alle Spielfiguren rücken auf das Feld, wo der Nussknacker gerade steht.

5 Ein süßer Duft weht durch die Luft. Von woher kommt der Plätzchenduft? Drei Schritte rückwärts gehen!

6 Das Tannenbäumchen ist traurig. Sein Licht ist vom Wind ausgeblasen worden. Wer sein Kerzenlicht wieder anzündet, darf nochmal würfeln.

7 Der Nikolaus hat ein Loch im Nikolaussack. Nüsse und Mandarinen sind in den Schnee gekullert. Wer eine 5 oder 6 würfelt, kommt dem Nikolaus zu Hilfe und darf die gewürfelte Zahl vorwärts gehen!

Rauschgoldengel

Traumengel

In den dunklen Nächten im Advent fliegt der Traumengel vom Himmel auf die Erde und schenkt den Menschen kuschelig-warme Träume.

Die Kinder liegen auf Matten oder Decken auf dem Boden. Sie schließen ihre Augen, lauschen einer ruhigen Musik und warten auf den Traumengel (gespielt von einem Erwachsenen), der nun beinahe lautlos zwischen den „schlafenden" Kindern umherschwebt. Er streichelt sie mit einer Feder aus seinem Flügel sanft an der Nase, über die Stirn oder über die Hand. Die Kinder schlafen und träumen so lange, bis die Musik endet. Wenn sie erwachen, finden sie eine Feder vom Engelsflügel als geheimnisvolle Erinnerung auf ihrem Bauch.

Kerzenhalter-Engel

Man braucht:

- Wattekugel
- Pappbecher
- Korken
- Krepppapier
- Holzleiste
- Klebstoff
- Engelshaar
- Kerzenhalter

Den Pappbecher mit goldenem Krepppapier bekleben. Die Leiste aufkleben und darauf den Korken mit der Wattekugel als Kopf kleben. Um den Korken einen Umhang aus silbernem Krepppapier kleben. Den Kopf mit Engelshaar bekleben. An die Leistenenden die Kerzenhalter klemmen.

War es nur ein Traum?

Ein alter Holzschnitzer schnitzt in einer dunklen Nacht, als er nicht einschlafen kann, einen wunderschönen Rauschgoldengel aus Holz. Er malt ihn golden an und stellt ihn neben sein Bett. In der Weihnachtsnacht schwebt der Engel durch sein Zimmer. Oder hat er es nur geträumt?

Die Kinder stehen in einer Reihe. Ein Kind spielt den alten Holzschnitzer mit verbundenen Augen. Ein anderes Kind wird als Engel verkleidet und bekommt einen Engelsflügel umgehängt. Das Holzschnitzerkind wird im Kreis herumgeführt und befühlt neugierig die Rücken der Kinder. Sein Traum ist wahr geworden, wenn er den Flügel ertastet hat. Das Engelkind wird der suchende Holzschnitzer. Ein anderes Kind wird neuer Rauschgoldengel.

Rauschgoldengel

Man braucht:

- Krepppapier
- Goldfolie
- Klebstoff
- Wattekugeln
- Holzstäbchen
- Filzstifte
- Engelshaar
- Pfeifenreiniger
- Nadel und Faden

Ein ca. 50 x 20 cm großes Stück Krepppapier wie eine Ziehharmonika falten. Den oberen Rand mit einem Faden zusammenziehen. Die Kanten kleben. Einen zweiten Umhang aus silbernem Papier falten und über das goldene Kleid legen. Der Wattekugel ein Gesicht aufmalen, Engelshaar ankleben und den Kopf auf ein Holzstäbchen stecken. Das Holzstäbchen oben in das Kleid stecken. Aus Goldfolie Flügel ausschneiden und hinten an das Kleid kleben. Unter dem silbernen Umhang Pfeifenreiniger als Arme befestigen und auf die Enden kleine Wattekugeln stecken.

Herbergssuche

Wer klopft an?

Alle Bewohner sollen sich in ihrer Geburtsstadt zählen lassen. So machen sich Maria und Josef auf den Weg von Nazareth nach Bethlehem. Als sie ankommen, ist die Stadt voller Menschen. Es gibt keinen Platz mehr in der Herberge.

Die Kinder bilden einen Kreis. Sie strecken ihre zu Fäusten geballten Hände zur Kreismitte. Vor Beginn des Spiels bekommt ein Kind einen Schlüssel und verbirgt ihn in der geschlossenen Hand. Im Innenkreis wandern Maria und Josef von Haus zu Haus. Sie klopfen an jede „Tür“ – die ausgestreckten Fäuste der Kinder – und fragen: „Ist noch Platz in deinem Haus?“ Die Kinder mit den leeren Händen antworten: „Mein Haus ist voll, ich habe keinen Platz.“ Nur das Kind mit dem verborgenen Schlüssel in der Hand antwortet: „Kommt mit zum Stall. Hier ist noch ein Plätzchen frei.“ Wie oft müssen Maria und Josef anklopfen, bis sie eine Unterkunft finden?

Maria, Josef und die Tiere

Man braucht:

- Flaschenkorken
- Buntpapier
- Zahnstocher
- Streichhölzer
- Krepppapier
- Filzstifte

Für Maria und Josef die Wattekugeln mit Zahnstochern in den Korken feststecken. Aus Buntpapier Kleider, Arme und Schuhe ausschneiden und an die Korken kleben. Für den Ochsen ein Stück vom Korken abschneiden und als Kopf feststecken. Die Tiere bekommen noch Streichholzbeine und Ohren aus Papier. Für das Schaf einfach einen Korken mit Watte bekleben und vorne ein Gesicht aufmalen.

In Bethlehems Stall

Es ist kein Ofen im Stall. Maria und Josef frieren. Erschöpft von ihrer langen Reise schlafen sie ein. Ochs und Esel wärmen Maria und Josef.

Maria und Josef sitzen mit verbundenen Augen auf zwei Stühlen und „schlafen". Ein Kind spielt den Ochsen und setzt sich auf Josefs Schoß, um ihn zu wärmen. Ein anderes Kind spielt den Esel. Es setzt sich auf Marias Schoß, um sie zu wärmen. Maria und Josef versuchen durch vorsichtiges Tasten herauszufinden, welches Kind auf ihrem Schoß sitzt. Ochs und Esel erleichtern das Raten, indem sie die jeweils passenden Tiergeräusche nachahmen.

Bethlehem

Man braucht:

- 1 Obstkiste aus Pappe
- Wattekugeln
- Goldpapier
- Schachteln
- Farben und Pinsel
- Buntpapier

Zuerst die Obstkiste anmalen. Dann die Schachteln in verschiedenen Farben bemalen. Nach dem Trocknen die Schachteln in die Obstkiste kleben. Die großen nach hinten, die kleineren nach vorne. Aus Buntpapier Fenster und Türen ausschneiden und aufkleben. Aus Pappe und Buntpapier Palmen basteln und aufkleben. Wattekugeln in goldenes Papier einwickeln und in die Türme kleben.

Skandinavien: Wenn Jultompte kommt

Wo ist der süße Brei?

In Schweden bringen der Wichtel Jultompte und seine Helfer, die Tomare, den Kindern die Geschenke. Jultompte lebt unsichtbar in der Scheune und wacht über das Wohlergehen von Menschen und Tieren. Zum Dank stellen ihm die Menschen in der Weihnachtsnacht einen Teller Milchbrei auf die Fensterbank. Ein frecher Tomar hat jedoch den süßen Brei versteckt.

Ein Kind spielt Jultompte. Es geht vor die Tür, während ein Teller mit Süßigkeiten versteckt wird. Dann wird Jultompte hereingerufen und sucht den Teller. Die anderen Kinder spielen die Tomare. Je näher Jultompte dem Teller kommt, desto lauter trippeln sie mit den Füßen. Hat er den Teller gefunden, nimmt er sich eine Süßigkeit und bestimmt ein neues Kind zum Jultompte.

Überraschungs-Tompte

Man braucht:
- Luftballon
- Kleister
- Zeitungspapier
- Watte
- Tonkarton
- Farben
- rote Perle
- Messer

Den Luftballon aufpusten und verknoten. In einem Gefäß den Kleister anrühren. Das Zeitungspapier in Streifen reißen, mit Kleister bestreichen und Schicht für Schicht um den Ballon wickeln. Aus einem großen Bogen Tonkarton einen Halbkreis ausschneiden, zu einem spitzen Hut aufrollen und an den Kanten zusammenkleben. Den Ballon bemalen und oben eine Öffnung hineinschneiden. Perle und Wattebart ankleben. Den Kopf mit Überraschungen füllen und den Hut aufsetzen.

Schlittenrennen

Am Weihnachtsmorgen fährt Bauer Johannson mit seiner Familie auf dem Pferdeschlitten zur Messe. Unterwegs treffen sie auf den Bauern vom Svensson-Hof. Mit ihren Schlitten fahren sie ein Wettrennen zur Kirche.

Die Kinder bilden Paare. Ein Kind sitzt auf einer Decke und wird von seinem Partner über eine vorher festgelegte Strecke gezogen. Das geht am besten auf einem glatten Boden. Welches Paar hat den schnellsten Schlitten?

Kleiner Schlitten

Man braucht:

- Watte
- Pappe
- Zahnstocher
- Flaschenkorken
- Faden
- Stecknadel
- Wolle
- Krepppapier

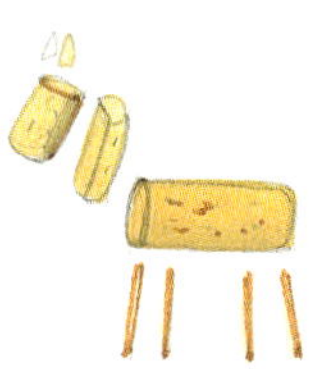

Mit dem Messer einen der Korken halbieren. Einen weiteren Korken in der Mitte durchschneiden und so wie auf der kleinen Zeichnung mit Zahnstochern zusammenstecken. Aus Pappe zwei Kufen und eine Fläche für den Schlitten zuschneiden und zusammenkleben. Einen Korken mit Krepppapier bekleben, Gesicht aufmalen und einen Wattebart ankleben. Das Männchen auf den Schlitten kleben. Dem Pferd Schweif und Mähne aus Wolle ankleben. Einen Faden um den Bauch des Pferdes wickeln und das Ende des Fadens mit einer Stecknadel an den Schlitten heften.

England: Weihnachtskarten und Mistelzweige

Weihnachtskarten an der Leine

In der Adventszeit ist es in England Brauch, viele Weihnachtskarten zu verschicken. Die Freude ist groß, wenn aus den Briefkästen kunterbunte Weihnachtskarten purzeln. An einer Leine aufgehängt, sind sie ein schöner Adventsschmuck.

Vor Spielbeginn bilden die Kinder Paare und stecken etwa 15 Weihnachtskarten pro Paar in Briefumschläge. Die Umschläge werden nicht zugeklebt, die Lasche wird nur eingesteckt. Im Raum werden zwei Wäscheleinen gespannt. Auf ein Zeichen geht es los: Die Kinder nehmen die Umschläge, öffnen sie und befestigen die Karten mit Wäscheklammern an der Leine. Wer hat als Erster seine Weihnachtspost aufgehängt? Das Spiel kann auch mit zwei Mannschaften als Staffel gespielt werden.

Klammer-Wichtel

Man braucht:
- Holzwäscheklammern
- Farben
- Krepppapier
- Schnur

Die Klammern anmalen. Oben an die Klammern jeweils einen Streifen Krepppapier kleben und mit einem Stück Schnur zu einer Mütze zusammenbinden. Mit den Wichteln die Weihnachtspost an die Leine klammern.

Mistelzauber

Misteln sind Zauberpflanzen: Ein einziger Zweig soll Glück ins Haus bringen und Menschen und Tiere vor Krankheiten schützen. Für die Kelten waren Misteln ein Symbol des Friedens.

Die Kinder sitzen im Stuhlkreis. Vor Spielbeginn wurde unter einen Stuhl ein Mistelzweig geklebt. Er ist in ein Weihnachtstütchen aus Cellophan eingepackt und mit einer schönen Schleife geschmückt. Zu adventlicher Musik oder zu einem gemeinsam gesungenen Lied rücken die Kinder von Stuhl zu Stuhl weiter. Stoppt die Musik oder endet das Lied, schauen die Kinder nach, ob sich der Mistelzweig unter ihrem Stuhl versteckt. Wer ihn findet, darf sich einen Wunschpartner aussuchen und mit ihm zur Musik tanzen. Dann beginnt eine neue Spielrunde.

Kuss-Wichtel

Man braucht:
- 2 leere Klorollen
- Krepppapier
- Watte
- Wattekugeln
- Tonpapier

Die Wattekugeln in die Klorollen kleben. Ein Gesicht aufmalen. Die Klorollen mit Krepppapier bekleben. Jedem Wichtel eine Mütze aufkleben. Die Wichtel so zusammenkleben, dass die Gesichter zueinander zeigen. Zusätzlich mit einer Schnur umwickeln. Arme und Hände aus Tonpapier ausschneiden und so an die Wichtel kleben, als umarmten sie sich. Schnüre an die Wichtelmützen binden und damit in einem Mistelzweig aufhängen.

Niederlande: Es kommt ein Schiff gefahren

Sinterklaas sucht Zwarten Piet

Der Sinterklaas kommt mit dem Schiff in den Niederlanden an. Sofort will er mit seinem Gehilfen, dem Zwarten Piet, Geschenke an die Kinder verteilen. Doch der Zwarte Piet ist im Maschinenraum eingeschlafen. Sinterklaas muss ihn suchen gehen.

Die Kinder sitzen im Kreis und verdecken die Augen mit den Händen. Ein Kind spielt Sinterklaas. Mit einem gebastelten Papierschiff wandert es um den Außenkreis herum. Irgendwann lässt Sinterklaas das Papierschiff hinter einem Kind auf den Boden fallen und geht weiter. Wer das Papierschiff hinter seinem Rücken vermutet, hebt die Hand. Sinterklaas klatscht in die Hände und alle öffnen die Augen. Das Kind, das das Schiffchen hinter sich liegen und die Hand gehoben hat, ist der vermisste Zwarte Piet.

Faltschiff mit Sinterklaas

Man braucht:
- Zeitungspapier
- Tonpapier
- Goldspray
- Watte
- Zahnstocher

Aus Zeitungspapier ein Schiffchen falten. Mit Goldspray besprühen und trocknen lassen. Aus Tonpapier einen Sinterklaas ausschneiden und den Bart aus Watte ankleben. Die Figur in das Schiffchen kleben. Eine Papierfahne auf einen Zahnstocher kleben und in das Boot stecken.

Der Zwarte Piet balanciert

Der Zwarte Piet hilft Sinterklaas, die Geschenke in den Sack zu packen. Dann klettert er die Häuser hinauf und wirft sie in die Kamine. Der Kaminrauch macht sein Gesicht schwarz – daher hat der Zwarte Piet seinen Namen.

Die Kinder spielen eine Zwarter-Piet-Balancierstaffel mit zwei Mannschaften. In zwei große Säcke werden zuvor leichte Päckchen (Schaumstoffwürfel, Schwämme o. Ä.) gelegt, die auf dem Rücken über eine Turnbank balanciert werden müssen. Am Ende jeder Bank steht ein großer Karton, der Kamin. Dort hinein legt jedes Kind ein „Päckchen" aus seinem Sack, balanciert zurück, übergibt den Sack an den nächsten Zwarten Piet usw. Die Staffel ist beendet, wenn alle Kinder einer Mannschaft jeweils ein Päckchen in den Kamin geworfen haben.

Dampf-Schaukel-Schiff

Man braucht:
- Pappe
- Wellpappe
- Klorolle
- Farben
- Watte
- Tonpapier
- Stecknadeln

Aus Pappe zwei Halbkreise ausschneiden. Einen Streifen Wellpappe zwischen die Halbkreise kleben und mit Stecknadeln fixieren. Oben in den Dampfer einen Pappstreifen kleben. Darauf die Klorolle als Schornstein und die Schachtel kleben. Das Schiff anmalen. Sinterklaas und Zwarten Piet aus Tonpapier ausschneiden und in das Schiff kleben.

Griechenland: Weihnachtsfeuer und Kalikanzari

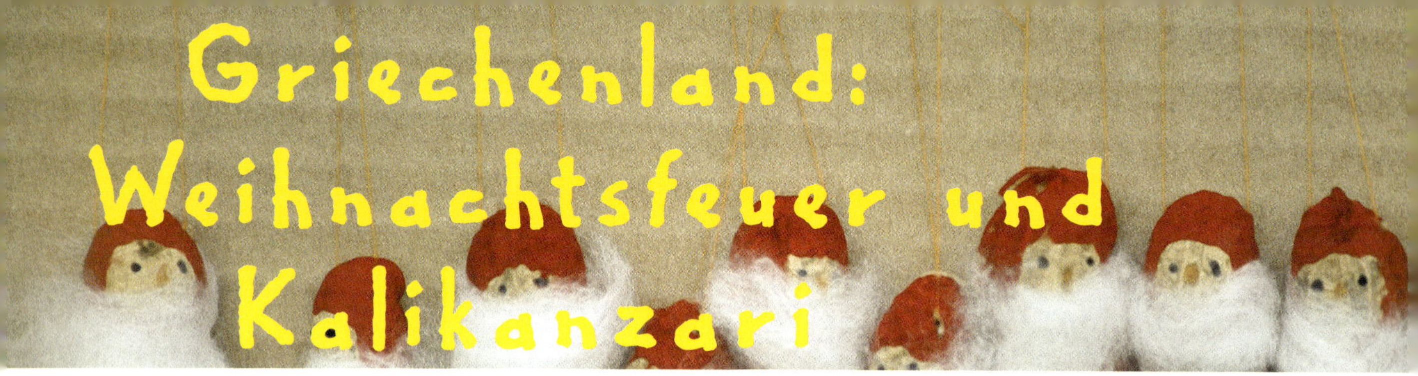

Wer fängt die Kalikanzari?

In der Nacht zum 24. Dezember und in den folgenden elf Nächten ziehen in Griechenland die Kalikanzari durch die Straßen. Das sind kleine Kobolde, die nichts als Unfug im Kopf haben: Sie klauen Weihnachtsplätzchen, versalzen das Weihnachtsessen und verstecken Weihnachtsgeschenke. Nur von einem hell flackernden Feuer lassen sie sich vertreiben. Deshalb werden in ganz Griechenland Weihnachtsfeuer angezündet.

Die Kinder stellen sich in einer Reihe nebeneinander auf und strecken ihre rechte Hand nach vorn. Sie stellen das Feuer dar. In einigen Metern Abstand ist eine Ziellinie markiert. Ein Kind spielt einen Kobold. Es klatscht laut zählend drei Kindern auf die ausgestreckte Hand und rennt dann los. Das dritte abgeschlagene Kind versucht, den frechen Kobold zu fangen, ehe er über die Ziellinie gelaufen ist. Gelingt ihm das, werden die Rollen getauscht.

Erdnuss-Kobolde

Man braucht:
- Erdnüsse
- Watte
- Klebstoff
- Filzstifte
- Nadel und Faden

Die Erdnüsse mit einem dicken roten Filzstift so anmalen, dass ein Gesicht frei bleibt. Augen, Nase und Mund in das Gesicht malen und einen Wattebart ankleben. Oben durch den Kopf mit der Nadel einen Faden ziehen, damit man die Kobolde auch aufhängen kann.

Christoxylo – Weihnachtsscheit

Das ganze Jahr über halten die Griechen beim Holzsammeln nach einem besonders schönen Holzscheit Ausschau. Als „Christoxylo", das Weihnachtsscheit, brennt es dann im Weihnachtsfeuer. Wer das „Christoxylo" ins Feuer wirft, darf sich etwas wünschen.

Die Kinder sitzen im Kreis. Sie reichen ein Stück Holz, das Christoxylo, im Kreis herum und sprechen rhythmisch folgenden Spruch dazu:

Christoxylo, Christoxylo,
geheimnisvolles Zauberscheit:
Für wen ist heute Wünschezeit?

Das Kind, bei dem das Holzstück am Ende des Spruches angelangt ist, darf sich von den anderen etwas wünschen: ein Spiel, ein Lied, eine Geschichte...

Kobold zum Füllen

Man braucht:

- Goldschnüre
- Watte
- zwei Perlen
- dicke Nadel
- Schleifen
- Pappe
- Filzstifte
- Filz

Rosa Filz auf die Pappe kleben und zwei Kreise als Kopf ausschneiden. Aus pinkfarbenem Filz einen Bauch an den Seiten und unten zusammenkleben, an die obere Öffnung jeweils einen Kreis kleben. Für Arme und Beine je ein Filzstück aufrollen und an den Körper kleben. Perlennase, Schuhe, Haare und Mütze ankleben. Den Kobold mit schönen Sachen füllen. Oben durch die Mütze eine Schnur ziehen.

Amerika: Schlittenrennen

Santa Claus fliegt übers Haus

In der Vorweihnachtszeit ist Santa Claus mit seinem Rentier Rudi in Amerika unterwegs. Gemeinsam fliegen sie mit dem Schlitten über die hell erleuchteten Häuser. Am Weihnachtstag saust Santa Claus mit Rudi über den Abendhimmel und wirft die Geschenke für die Kinder durch die Kamine ins Haus. Dort haben die Kinder ihre Strümpfe aufgehängt.

Die Kinder bilden Paare – Santa Claus und Rudi, das Rentier. Immer zwei Paare spielen gegeneinander. Sie bekommen beide einen Schlitten, mit dem sie einen Hindernisparcours bewältigen müssen. Das Schlittenrennen (siehe nächste Seite!) wird nach einem Startkommando auf Zeit gespielt.

Fliegender Santa

Man braucht:

- Luftballon
- Goldfolie
- Kleister
- Farben
- Pappe
- Papier
- ein Stück Versandrolle
- Watte
- Schnüre

Den Luftballon aufpusten und mit gekleisterten Papierstreifen bekleben. Trocknen lassen. Die Versandrolle bemalen und mit einem Nagel vier Löcher in den Rand bohren. Den Ballon bemalen und mit Goldsternen bekleben, mit Schnüren umwickeln und an der Versandrolle festknoten. Aus Pappe einen Santa ausschneiden, bemalen und in den Korb kleben. Außerdem viele kleine Päckchen an den Korb hängen.

Start: Die Kinder laden einen Geschenkkarton auf ihren Schlitten und ziehen ihn im Slalom um ausgelegte Tannenzapfen.

1. Station: Die Kinder krabbeln mit dem Schlitten durch einen „dunklen Tunnel", gebaut aus Stühlen und Decken.

2. Station: Sie ziehen ihren Schlitten über eine wackelige Matratze.

3. Station: Santa Claus hat im Schneetreiben Handschuhe und Mütze verloren. Rudi muss Santa Claus Mütze und Handschuhe anziehen.

4. Station: Das Rentier Rudi ist hungrig. Santa Claus füttert sein Rentier Rudi und steckt ihm ein paar Obststückchen mit einem Löffel in den Mund.

5. Station: Auf eine Wäscheleine müssen sieben Socken mit einer Wäscheklammer aufgehängt werden.

Auf ihrem Rückweg müssen Santa Claus und Rudi noch einmal über die wackelige Matratze, durch den Tunnel und den Slalomweg.

Schlitten-Santa

Man braucht:

- Klorolle
- Farben
- Pappschachtel
- Stecknadeln
- Pappe
- Filz
- Watte
- Goldfolie
- Schnur
- Klebstoff

Aus Pappe Kufen ausschneiden und an die Schachtel kleben. Eine sitzende Santa-Figur aus Pappe ausschneiden und mit Filz bekleben. Den Santa mit Stecknadeln auf den Schlitten stecken. Aus Pappe einen Rentierkopf ausschneiden, anmalen und an die bemalte Klorolle kleben. Ein Geweih aus Goldfolie ankleben. Rentier und Schlitten mit Schnüren verbinden.

Nikolaus, komm in unser Haus

Winterliche Spuren

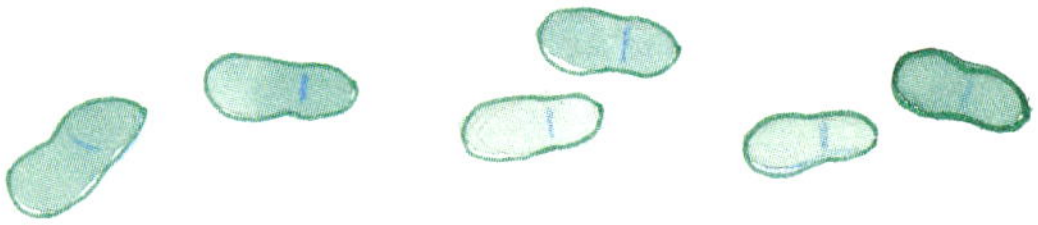

Der Nikolaus ist mit seinen großen Stiefeln unbemerkt durch das Haus gestapft. Niemand hat ihn gesehen. Aber er hat überall seine Stiefelspuren hinterlassen.

Die Kinder malen Stiefelumrisse auf Tonpapier und schneiden sie aus. Ein Kind spielt den Nikolaus und legt, ungesehen von den anderen Kindern, viele Stiefelspuren und verteilt sie durch mehrere Räume. Am Ende der Spur hinterlässt der Nikolaus eine kleine, süße Überraschung. Ein Kind beginnt den Spuren zu folgen. Wenn es die Nikolausüberraschung gefunden hat, spielt es den nächsten Nikolaus, sammelt die Stiefelspuren ein und legt eine neue Spur für das nächste Kind.

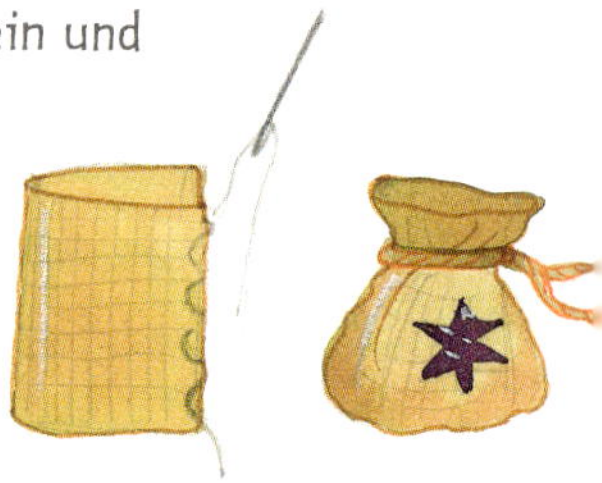

Nikolaussack

Man braucht:
- Jute
- Nadel und Faden
- Goldfolie
- Schnur

Aus der Jute ein Rechteck zuschneiden. Den Stoff in der Mitte falten und die Ränder dabei genau übereinander legen. Unten und an der einen Seite zusammennähen. Aus der Goldfolie einen Stern ausschneiden und auf den Sack kleben. Den Sack mit Überraschungen füllen und oben zubinden.

Ein geheimnisvoller Sack

Der Nikolaus hat seinen Sack mitten ins Haus gestellt. Jedem Kind hat er eine Rateaufgabe als Nikolausüberraschung in den Stiefel gesteckt.

Alle Kinder stellen ihren Stiefel in die Kreismitte und bekommen einen Apfel, eine Mandarine, eine Walnuss o. Ä. hineingelegt. Nun haben alle Kinder die Aufgabe, aus dem Sack das gleiche Obst bzw. die gleiche Nuss herauszutasten, die sie in ihrem Stiefel gefunden haben. Dabei wühlen sie nur mit der Hand im Sack, ohne hineinzuschauen.

Nikolausstiefel

Man braucht:

- 1 alten Gummistiefel
- lufttrocknende Modelliermasse
- Farben
- Watte
- Holzstab
- Filz

Aus der Modelliermasse einen Kopf formen und den Stab unten in den Kopf stecken. Alles zusammen trocknen lassen. Aus Filz einen Mantel kleben und unterhalb des Kopfes ankleben. Den Gummistiefel anmalen oder bekleben. Unten in den Gummistiefel ein Loch bohren, durch das der Holzstab passt. Den Holzstab durch das Loch stecken. Den Mantel an den Rand des Gummistiefels kleben. Vorn im Mantel eine Öffnung lassen, damit man den Stiefel noch füllen kann. Der Nikolaus bekommt auch noch eine Filzmütze und einen Bart.

Luzia – ein Lichterfest

Krone balancieren

In Schweden wird am 13. Dezember ein altbekanntes Lichterfest gefeiert – das Luziafest. In der dunklen Jahreszeit suchen die Menschen ganz besonders nach Licht und Wärme. Luzia trägt ein weißes Kleid und eine Krone mit vielen Lichtern auf dem Kopf. Am Tag vor dem Luziafest üben die Kinder, die Lichterkrone auf dem Kopf zu tragen.

Die Kinder bilden zwei Mannschaften. Für jede Mannschaft gibt es ein kleines Kissen, auf das ein Teelicht gelegt wird. Auf Kommando laufen die ersten beiden Kinder jeder Mannschaft los und balancieren das Kissen mit dem Teelicht auf dem Kopf über eine vorher festgelegte Strecke. Dann wird gewechselt und das nächste Kind ist an der Reihe. Fällt das Teelicht beim Laufen herunter, bleibt das Kind stehen und lässt sich von seiner Mannschaft helfen, ehe es weitergeht. Für geübte Balancierer können in die Strecke auch kleine Hindernisse eingebaut werden, z. B. über eine Bank laufen, über einen Hocker steigen etc.

Luzia aus Holz

Man braucht:
- Holzreste (z. B. 15 x 5 cm und 10 x 3 cm)
- gelbes Krepppapier
- Teelichter

Die Holzreste so wie auf dem Foto zusammenkleben und bemalen. Seitlich Haare aus Krepppapier ankleben. Auf die obere Leiste Teelichter stellen.

Wer ist heute Luzia?

Die Kinder sitzen im Kreis auf dem Boden. In einem Beutel stecken verschieden geformte Kieselsteine. Für jedes Kind ist ein Stein vorhanden, aber nur ein einziger Stein ist der Luziastein: Er ist weiß angemalt. Die Kinder greifen nacheinander, ohne zu schauen, in den Beutel und holen einen Stein heraus. Wer den weißen Stein gezogen hat, ist Luzia, zieht ein weißes Gewand an, setzt eine gebastelte Lichterkrone auf und läuft einmal um den Kreis herum. Anschließend beginnt eine neue Spielrunde.

Prinzessin Luzia

Man braucht:

- 1 Stück Versandrolle
- Tortendeckchen aus Papier
- Krepppapier
- gelbe Wolle
- 1 Styroporkugel
- Kranz aus Styropor
- 4 Kerzen und Kerzenhalter
- Farben

Der Styroporkugel ein Gesicht aufmalen und dann die Kugel in die Versandrolle kleben. Die Versandrolle mit den Tortendeckchen bekleben. Haare aus der gelben Wolle zuschneiden und an den Kopf kleben. Den Styroporkranz mit grünem Krepppapier umwickeln und auf den Kopf kleben. Die vier Kerzen auf die Halter stecken und dann in den Kranz stecken. Zwei Hände aus Filz oder Buntpapier ausschneiden und an das Kleid kleben.

Luziatag

Aufwecken

Am Luziatag weckt in Schweden die älteste Tochter als Luzia verkleidet alle anderen Familienmitglieder mit ihrem Licht auf. Dann verteilt sie süße Brötchen zum Frühstück.

Die Kinder legen sich in einem Kreis auf den Boden und schließen die Augen. Ein Kind ist Luzia. Es trägt ein weißes Gewand und einen Kranz aus grünen Zweigen. In den Händen hält es ein Windlicht mit einer brennenden Kerze. Luzia geht nun im Kreis an den schlafenden Kindern vorbei. Nacheinander beugt sie sich mit ihrem Licht zu den Kindern hinunter und weckt sie auf. Wer vom Lichtschein geweckt wurde, steht auf. Sind alle Kinder aufgeweckt, ziehen sie in einer langen Reihe hinter Luzia her.

Engel-Fensterbild

Man braucht:
- Stoffreste
- Tortendecken
- Engelshaar
- transparente Folie
- Transparentpapier

Von der Klebefolie die Schutzschicht abziehen. Aus Papier und Stoffresten einen Engel ausschneiden und auf die Folie kleben. Engelshaar an den Kopf kleben. Eine zweite Schicht von der transparenten Klebefolie über das gesamte Bild kleben, sodass es wie eine Eisschicht aussieht. Man kann das Bild mit Klebestreifen direkt ins Fenster kleben oder man zieht oben durch den Rand einen Faden.

Lichterumzug

Die Kinder basteln aus Gläsern, Transparentpapier oder Strohseide bunte Windlichter. In jedes Windlicht wird eine Stumpenkerze gestellt und mit etwas Wachs befestigt.

Im Haus oder im Garten verteilen sich die Kinder nach Sonnenuntergang mit ihren leuchtenden Windlichtern. Von überall her sieht man nur noch die Lichter leuchten, ansonsten ist es dunkel. Ein Kind spielt Luzia. Mit ihrem Licht läuft es von einem Kind zum nächsten und sammelt so alle Kinder mit ihren Lichtern zu einem strahlenden Lichterumzug. Zum Schluss bilden alle Kinder einen leuchtenden Kreis und singen gemeinsam ein Lichter- oder Weihnachtslied.

Luzia-Fensterbild

Man braucht:
- Transparentpapier in verschiedenen Farben
- transparente Klebefolie
- Bleistift

Zuerst auf das Transparentpapier Gesicht, Haare, Kranz, Kleid, Kerzen, Hände und Schuhe aufzeichnen. Alle Teile ausschneiden und zunächst auf einer glatten Fläche zusammenlegen und prüfen, ob alle Teile auch gut zusammenpassen. Dann von der Klebefolie die Schutzfolie abziehen und alle Teile auf die Klebeschicht kleben. Man kann das Fensterbild so direkt auf die Fensterscheibe kleben oder man klebt eine zweite Folie über das Bild hängt es dann an einem Faden auf.

Hirtenfest

Hirtenstaffel

Die Schafe auf den Feldern von Bethlehem sind unruhig und blöken laut. Was ist denn nur da draußen los? Die Hirten schrecken von ihrem Nachtlager hoch, suchen ihre Kleider zusammen und springen schnell in die Stiefel.

In zwei Wäschekörben liegen verschiedene Kleidungsstücke: Pullover, Jacke, Hut, Handschuhe, vielleicht auch noch ein Stock und eine Laterne. Die Kinder bilden zwei Mannschaften. Sie spielen die Hirten. Auf ein Zeichen ziehen die ersten beiden Kinder jeder Mannschaft schnell die Kleidungsstücke an. Welcher Hirte ist als Erster fertig?

Wollschafe

Man braucht:
- Klorollen
- Watte
- Wolle
- Stecknadeln
- Pappe
- Klebstoff

Ein Stück Watte mit Wolle umwickeln, bis eine Kopfform entsteht. Sie muss so groß werden, dass sie in die Öffnung der Klorolle passt. Den Kopf dort hineinkleben. Aus Pappe 4 Beine ausschneiden, an die Rolle kleben und Pappohren an den Kopf kleben.
Das Fell von dem weißen Schaf entsteht so: Wolle um einen Pappstreifen wickeln, die Wicklung an einer Seite aufschneiden, oben in der Mitte einen Faden um das Fell wickeln und an die Rolle kleben. Das graue Schaf ist einfach mit einem Rest von einem Wollknäuel beklebt.

Weitersagen

Über den Feldern liegt ein heller Schein. Engel erscheinen am Himmel und erzählen den Hirten, dass in Bethlehem ein kleines Kind geboren wurde. Schnell verbreitet sich die frohe Nachricht unter den Hirten.

Die Kinder sitzen im Kreis zusammen. Ein Kind beginnt. Es denkt sich eine Tätigkeit aus und flüstert seinem Nachbarn einen Satz ins Ohr, z. B.: „Alle Hirten hüpfen vor Freude." Oder: „Alle Hirten singen ein Lied." Oder: „Alle Hirten packen ihre Tasche." Die Nachricht wird von Kind zu Kind weitergegeben. Das letzte Kind macht den geflüsterten Satz als Pantomime vor. Dann wird vom nächsten Kind eine neue Botschaft auf die Reise geschickt.

Schäfer und seine Schafe

Man braucht:

- Pappe
- Filz
- Stecknadeln
- Watte
- Märchenwolle

Aus der Pappe eine Schäferfigur und Schafe ausschneiden. Den Schäfer mit Filz bekleben, ein Gesicht aufmalen und aus der Märchenwolle einen Bart ankleben. Die Schafe mit Watte bekleben, Gesichter aufmalen und Ohren aus Filz ankleben. Die Figuren mit Stecknadeln auf einem Pappuntergrund feststecken.

Hirten in der Weihnachtsnacht

Schafe fangen

Einige Schafe aus der großen Schafherde haben sich vor dem hellen Licht der Engel und des Sterns erschrocken und sind weggelaufen. Die Hirten laufen los, um sie wieder einzufangen.

Im Raum werden ca. 30 flauschige gebastelte Wollschafe versteckt. Es sind die Schafe, die sich verirrt haben. Die Kinder spielen die Hirten. Gemeinsam versuchen sie, möglichst alle Schafe wiederzufinden. Gelingt ihnen das?

Hirten an der Krippe

Man braucht:

- Korken
- Filzreste
- Farben
- Pappe
- Zahnstocher
- Wattekugeln
- Märchenwolle
- Schachtel
- Goldpapier
- Stoffreste
- Watte
- Buntpapier
- Klebstoff

Den Wattekugeln Gesichter aufmalen und sie dann mit Zahnstochern in die Flaschenkorken stecken. Die Figuren mit Filz und Stoffresten umwickeln. Haare aus Wolle oder Watte und Bärte aus Märchenwolle ankleben. Die Heiligen 3 Könige mit glitzerndem Stoff umwickeln. Krone oder Turban aus Folie basteln und an die Köpfe kleben. Für die Schafe Korken mit Watte bekleben und ein Gesicht aufmalen. Ohren aus Filz ausschneiden und ankleben. Für den Stall eine Öffnung in die Schachtel schneiden. Ein Dach aus Pappe auf die Schachtel kleben. Aus Buntpapier einen Schweifstern ausschneiden und auf dem Dach festkleben. Alle Figuren und den Stall auf einem Untergrund aus Pappe festkleben.

Hirtenlied

(Melodie: Lasst uns froh und munter sein)

1. Mitten in der dunklen Nacht
sind die Hirten aufgewacht.
Lustig, lustig, tralalalala,
Sterne funkeln hell und klar.

2. Engel bei den Schafen sind:
Geht und sucht das kleine Kind!
Lustig, lustig ...

3. Alle Hirten laufen los,
Jung und Alt und Klein und Groß.
Lustig, lustig ...

4. Große Freude überall!
Die Hirten seh'n das Kind im Stall.
Lustig, lustig ...

Zum Hirtenlied kann auch getanzt werden. Die Kinder bilden einen Kreis und fassen sich bei den Händen. Gemeinsam gehen sie im Kreis herum. Beim Refrain „Lustig, lustig ..." nehmen sich immer zwei Kinder an den Händen und drehen sich im Kreis.

Die Autorinnen

Regina Bestle-Körfer studierte Sozialpädagogik und arbeitete in einer Frühförderstelle und danach in einer schulpsychologischen Beratungsstelle. Seit über fünfzehn Jahren ist sie als Autorin und Redakteurin tätig.

Sabine Lohf studierte an der Hochschule der Künste in Berlin und arbeitet als Fotografin, Autorin und Illustratorin für verschiedene Verlage und Zeitschriften. Inzwischen sind viele Bücher in verschiedenen Bereichen von ihr erschienen.

Annemarie Stollenwerk studierte Sozialpädagogik und war zunächst in der Heimerziehung und später im sozialen Brennpunkt tätig. Seit mehr als fünfzehn Jahren arbeitet sie als Autorin und Redakteurin.

© Christophorus im Verlag Herder
Freiburg im Breisgau 2005
www.christophorus-verlag.de

ISBN 3-419-53220-2

Lektorat: Martin Stiefenhofer

Umschlaggestaltung: Network!, München
Layoutentwurf: juhu media Susanne Dölz, Bad Vilbel
Gesamtproduktion: Sabine Lohf
amadeus prepress a. print, Langenhagen
Herstellung: Himmer, Augsburg 2005

Alle Bastelideen, Bastelanleitungen, Fotos und Illustrationen: Sabine Lohf

Geschichten, Gedichte, Spiele und Lieder von Annemarie Stollenwerk auf den Seiten 6/7, 10–15, 20/21, 28/29, 36–39, 42/43, 50–57

Geschichten, Gedichte, Spiele und Lieder von Regina Bestle-Körfer auf den Seiten 8/9, 16–19, 22–27, 30–35, 40/41, 44–49

In der Reihe Fantasiewerkstatt sind außerdem erschienen:

ISBN 3-419-53040-4

ISBN 3-419-53041-2

ISBN 3-419-53042-0

ISBN 3-419-53047-1

ISBN 3-419-53045-5

ISBN 3-419-53038-2

ISBN 3-419-53211-3